Hacks Avançados
para Twitch

Conteúdo

O surgimento do Twitch 3

Saiba como aceder ao Twitch 6

Conteúdo valioso oferecido em Twitch streams 11

Saiba mais sobre pagamento Prime ou assinatura de canal 13

O nível de segurança oferecido pelo Twitch 15

Os vários temas no Twitch 17

Aprenda os passos para criar uma conta no Twitch 18

Como funciona o Twitch 18

Twitch Prime e tudo o que ele representa 21

Aprenda a transmitir no Twitch 22

Características do painel de controle do Twitch 23

Configurações de canal adicionais 33

Formas de ganhar seguidores no Twitch 35

Saiba como ganhar dinheiro no Twitch 43

A celebração do Twitchcon 45

A oferta do Twitch sobre videojogos 46

O que você precisa saber para começar o Twitch... 48

Streaming no Twitch através de consolas de jogo 55

Transmissão no Twitch através de um PC 57

Como transmitir no Twitch via Xbox One 62

Aprenda a transmitir no Twitch através do PS4 64

Como é possível transmitir no Twitch através do Nintendo Switch 65

Aprenda a transmitir no Twitch usando um computador portátil 68

Truques para captar momentos épicos no Twitch 77

Como construir uma audiência na sua conta Twitch 78

A tendência do streaming é uma das modalidades mais preferidas atualmente, por ser uma forma ou apresentação de conteúdo mais interativa, a melhor proposta deste tipo de conteúdo é através do Twitch, esta é uma plataforma interessante que está adicionando cada vez mais recursos para fazer cada conta brilhar.

O serviço e as opções oferecidas por esta plataforma para cada conta é algo que você deve saber, seja para desfrutar de cada alternativa de entretenimento ou para formar uma conta com a qual você pode fazer seu usuário reconhecido e, ao mesmo tempo, gerar dinheiro, assim você vai ter os dados mais básicos e avançados deste meio.

O surgimento do Twitch

A trajetória de Twitch começou em 2011, a partir desse momento começou um caminho de sucesso, além de ser uma opção secundária de streaming por trás do YouTube, então com o tempo ganhou um lugar muito mais proeminente entre os usuários, especialmente com o apoio da Amazon, que adquiriu esta plataforma após sua evolução.

É definido como uma plataforma de videojogos, porque sendo um espaço ideal para streaming, cada vez mais jogadores criam um canal no Twitch, especialmente porque há muito conteúdo a explorar sobre um jogo ou qualquer outro assunto, por isso ainda é viável criar e fazer crescer uma conta.

Este serviço de streaming está a ganhar popularidade generalizada mesmo entre as crianças, as origens da plataforma têm muito a ver com o empurrar do streaming para todos os tipos de fins, seja blogs, música, cozinha, etc., embora o assunto mais popular seja os videojogos.

A força do Twitch está no e-sports, pois o e-sports foi uma das primeiras ofertas de conteúdo a ser cada vez mais consolidada até este ponto, tornando-o um espaço ideal para a transmissão de jogos de vídeo, independentemente do gênero.

O próprio Twitch, para além das suas streamings, brilhou ao incluir o chat directo, para que as streamers possam manter o feedback à medida que desenvolvem a emissão, criando uma ligação com os utilizadores ou fãs em tempo real, emitindo assim a sensação de serem ouvidas ou escutadas, para criar uma ligação entre streamer e ventoinha.

A formação do Twitch fez parte de uma oferta do Justin.tv, que é um serviço com grande semelhança com o YouTube, mas sua força estava na transmissão ao vivo, pois os outros serviços desta categoria só transmitem vídeo com atraso, mas em 2014 o Justin.tv mudou sua organização para apenas Twitch Interactive.

Esse tipo de mudança foi uma resposta à enorme popularidade e quantidade de tráfego que o Twitch transmite, e nesse mesmo ano a plataforma chegou às quatro primeiras plataformas com o mais alto nível de tráfego online, fazendo com que ela atingisse rotineiramente 50 milhões de visitantes únicos, mensalmente.

Diante deste fenômeno, despertou o interesse da Amazon, a ponto de comprar a plataforma, esta operação financeira é estimada em 800 milhões de euros, já que esta compra Twitch não parou de crescer, no mesmo nível em que o número de visitas aumentou e as funções foram adicionadas da mesma forma.

Uma das novidades é que os utilizadores podem oferecer dicas aos streamers da sua escolha, bem como criar e promover conteúdos pagos para a comunidade de utilizadores premium, posicionando-se assim como um reconhecido serviço de streaming em 202 para ultrapassar o YouTube Gaming.

A oportunidade de visualização oferecida pelo Twitch é genuína, com até 15 milhões de usuários procurando visualizar um dos 3,8 milhões de canais diariamente, portanto, criar uma conta nesta plataforma é uma janela importante para a entrega de conteúdo a este nível.

Saiba como aceder ao Twitch

Se você quer fazer parte do Twitch, a primeira coisa que você deve fazer é entrar no site ou usar seus aplicativos para um dispositivo móvel ou um console, também esta plataforma permite que você veja o conteúdo sem se registrar, mas para participar do chat com as streamers se você precisar ter uma conta.

As vantagens de uma conta Twitch são essenciais, especialmente porque você pode receber notificações quando eles vão transmitir uma transmissão ao vivo e é uma streamer favorita, então criar seu próprio canal é uma boa decisão a considerar, você deve saber que este é um processo gratuito e você só tem que colocar um nome de usuário, senha, dados de nascimento e e-mail.

- **Saiba como encontrar canais no Twitch**

Quando você entra no Twitch você pode obter uma série de canais interessantes, através da página principal ou da seção você verá as categorias que estão tendo tendências no momento, geralmente a categoria dominante é o vídeo game, com Genshin, League of Legends e Rust sendo as mais populares.

Cada temporada ou inovação destes jogos é aproveitada por serpentinas especializadas nesse assunto, se você não quiser ver nenhuma dessas categorias você pode clicar em "Explorar" para ver um amplo diretório de assuntos, porque além dos jogos há também uma boa variedade de conteúdos em oferta.

Uma das categorias mais curiosas ou freqüentadas é a de usuários conversando ou debatendo algum tópico, algumas contas até criam uma agenda fixa para apresentar suas entrevistas como uma espécie de noticiário ou debate que os usuários esperam, é uma forma muito mais interativa em comparação com um rádio ou podcast.

Os tópicos são tratados ou apresentados ao ritmo do chat, por outro lado, você pode descobrir o que o mundo de Twitch oferece, onde os relatos que narram viagens ou fazem parte deste tema também brilham, estes são diretos que buscam compartilhar experiências, este é um sinal de que nem tudo é conteúdo de jogo.

Outra categoria interessante é o Talk shows e podcasts, para desenvolver todo tipo de programas, e através da seção de arte os artistas são mostrados como estão gerando o passo a passo de um projeto. O mesmo acontece com a categoria de música, onde os artistas transmitem suas músicas ao vivo e atendem pedidos ou respondem perguntas.

Além do tipo de conteúdo que você escolher, você pode usar um sistema de tags para filtrar e especializar sua busca, estas são palavras em cinza abaixo dos fluxos ao vivo, se você clicar nelas, o próprio site irá reordenar os fluxos que estão relacionados a esta tag.

Outra forma de pesquisar nesta plataforma, é manualmente no motor de busca, você também precisa prestar atenção às tags que estão tendo tendência no momento, para cada tipo de categoria você vai encontrar duas divisões, entre vídeo e clipe, estas fornecem conteúdo diferido, como gravações ao vivo de datas anteriores.

Isto significa que quando se perde uma transmissão tem a oportunidade de revivê-la, mas a distinção sobre estas secções é que "vídeos" é sobre agrupar transmissões completas, que podem ter até duas horas de duração, enquanto os clipes são pequenos trechos que são apresentados como destaques e são por vezes criados por fãs.

Há muito para ser encontrado no Twitch, pois é uma plataforma que pode ser colocada para muitos usos diferentes, os criadores de conteúdo têm a oportunidade de inovar, e surgiram canais que estão intimamente relacionados com a explicação e o debate político.

- **O que você pode fazer enquanto desfruta de uma apresentação ao vivo**

Uma vez selecionado um canal que você gosta, você pode clicar em "seguir", este é um símbolo descrito como um coração roxo, para que ele seja anexado à sua lista, para que você receba notificações, como um aviso de que Twitch transmite quando o canal seguinte for ao ar.

Se a qualquer momento você quiser parar de receber notificações, basta desligar a campainha, ou se você se arrepender de ter seguido um canal e quiser parar de segui-lo, basta clicar no coração novamente. Se você conhece um usuário que pode gostar do canal, basta clicar no ícone da seta para cima.

Acima da bandeja é a opção de recomendar um canal, assim surgem alternativas para compartilhar a URL para publicá-la em redes sociais ou qualquer outra mídia, da mesma forma quando um conteúdo quebra as regras da plataforma, como comentários racistas, conteúdo sexual e outros, você pode denunciar o criador.

No lado direito você pode ver as opções de chat, você deve seguir o canal com antecedência, depois clique em "enviar uma mensagem", dessa forma você pode escrever e enviar o que quiser, desde que você não viole nenhuma regra, neste modo você pode usar emojis clicando no rosto.

Estas opções fazem com que você possa visualizar os emojis mais usados, da mesma forma que você pode personalizar os emojis deste chat, ou qualquer outro tipo de expressão, mas quando eles têm cadeados significa que você deve seguir e assinar o canal para usá-lo, caso o chat incomode demais você pode clicar na seta para minimizá-lo.

No decorrer do chat você pode encontrar alguém que você gosta, você pode segui-lo clicando em seu nome, você pode clicar em adicionar amigo ou sussurrar, geralmente primeiro selecione sussurrar para que você tenha a oportunidade de enviar uma mensagem e se apresentar para que vocês possam adicionar um ao outro.

Assim como você pode clicar no ícone de pessoas pequenas acima do chat, isso irá invocar uma lista de usuários para que você tenha o contato que você está interessado.

Conteúdo valioso oferecido em Twitch streams

Para pensar no tipo de valor que você pode criar e oferecer no Twitch, é fácil quando você navega por toda a plataforma para ter uma idéia do que é oferecido, e desde que você entenda como esta plataforma é desenvolvida ou como é, será mais fácil fazer parte deste tipo de ambiente.

Seguindo a ideia de que muitas pessoas se juntam para desfrutar do streaming ajuda a construir conteúdos que vão de encontro a essas expectativas, especialmente quando diferentes factores habitam este tipo de plataforma, normalmente os canais que recebem mais atenção são os que exibem demonstrações ou versões prévias dos jogos mais populares.

No caso dos fãs de Call of Duty, eles podem estar interessados em serpentinas que transmitem uma jogabilidade ou um truque sobre este tópico, da mesma forma quando você assiste a alguns jogos funciona como uma ajuda para lidar com quaisquer dúvidas sobre um jogo, mas quando você duvida que este é o seu forte, é melhor ir por outro caminho.

O essencial é que você sabe tudo sobre o assunto que você espera cobrir, por isso é uma dedicação ampla, porque a intenção é que sua conta seja um meio para você descobrir mais detalhes sobre essa entrega, sem pensar em dinheiro ou fama da mesma forma que precisa ser uma entrega com a qual você se diverte.

Não é aconselhável começar com um investimento pesado, mas tentar com opções valiosas que o ajudem a ter um bom começo para aumentar o nível até criar uma comunidade que o acompanhe, o importante é tomar a decisão de se preparar e ser criativo nesse tópico para mostrar o melhor de si.

Para não ser redundante, não se pode perder de vista a necessidade de estabelecer um tema criativo, onde a sua personalidade é também um ponto de atracção, uma vez que o conteúdo não é escolhido apenas pelo título, mas também pelo que a serpentina transmite, pois a intenção é que o utilizador se possa divertir e sobretudo que possa interagir.

Ter sucesso no Twitch é possível quando se apela ao carisma, é uma forma de jogar sobre a personalidade para apresentar a melhor apresentação possível, e é por isso que é mencionado que é um conjunto de fatores para se tornar um famoso streamer online.

Saiba mais sobre pagamento Prime ou assinatura de canal

À medida que você começa a gostar cada vez mais da plataforma Twitch, você vai querer fazer uma assinatura paga, embora possa haver dúvidas sobre se vale ou não a pena investir, então esteja ciente de que a assinatura principal que você pode ficar sem é chamada Twitch Gaming, mas originalmente era chamada Twitch Prime.

Este tipo de pagamento oferece diferentes vantagens, mas não significa que a versão gratuita não proporcione benefícios, porque quando você gosta de um canal pode desfrutá-lo sem ter que pagar ao criador, enquanto a versão paga se refere a uma questão de exclusividade que você não recebe por outros meios.

A modalidade Prime está em expansão, especialmente porque o pagamento está incluído no Amazon Prime desde

2014 que esta empresa comprou a plataforma, isto significa que se você tem o Amazon Prime você pode contar com o Prime Gaming, este tipo de assinatura só tem um custo de 4 euros por mês.

Esse tipo de oferta é ideal para tudo o que ela oferece, mas na maioria das vezes é mais econômico comprar o Amazon Prime por aquele bônus extra de Twitch, por outro lado, existem as ofertas de assinaturas individuais, o importante saber de antemão é que você vai encontrar uma ampla oferta em cada canal.

Cada canal também pode manter uma oferta de assinatura mensal, para que você possa pagar para obter mais benefícios, e cada uma dessas assinaturas é responsável por compartilhar ou oferecer um conjunto de inovações sobre o canal e o conteúdo, principalmente o fato de que os anúncios não aparecem durante as transmissões.

O chat exclusivo é uma opção que não está disponível para todos, o mesmo vale para o catálogo de vídeos que é destinado apenas para este tipo de assinantes, os outros benefícios são devido a um problema de design, além de ser desbloqueado diferentes emojis que podem ser personalizados.

O registo pago de um canal é realizado como uma demonstração de gosto pela criação de conteúdos que é feita, especialmente quando se pretende emitir um apoio financeiro para continuar a produzir esses vídeos, é isso que motiva os utilizadores a pagar, isto é mais por admiração do que por qualquer escolha de utilidade.

O nível de segurança oferecido pelo Twitch

Ao colocar o twitch como uma de suas plataformas favoritas e adicioná-lo ao seu navegador, você pode realizar configurações de perfil, mas antes de qualquer mudança estética, é melhor se familiarizar com a seção de segurança e privacidade, pois é uma plataforma onde alguns hackers podem surgir.

A prevenção dentro de qualquer plataforma nunca é uma coisa ruim, então um primeiro passo que você pode dar é criar uma senha longa, esta pode ser composta de maiúsculas, minúsculas, números e um ponto de pontuação, isto é um incômodo para muitos, mas é a melhor garantia de que você não será um alvo fácil para os hackers.

Por outro lado, você pode optar por configurar a autenticação em duas etapas, isto funciona como uma camada de proteção no início antes do login, para que quando alguém tentar acessar sua conta não seja capaz de fazê-lo, já que eles até emitem um código para alterar a senha.

Além dos hacks, um questionamento constante surge através do tipo de conteúdo que pode ser postado para crianças ou menores, mas você deve saber que Twitch não é uma plataforma criada ou projetada com o propósito de hospedar menores, embora tenha uma política séria de moderação de conteúdo para que não seja violento ou ofensivo.

Mas parte do conteúdo pode vazar algo que é inapropriado para crianças, e a maioria dos jogos estão na categoria violenta, e além do conteúdo há também o risco que surge por causa dos chats, pois eles teriam acesso a chat com estranhos e podem enviar algumas mensagens privadas.

Nessas situações a plataforma tem opções para ajudar a bloquear usuários e canais, mas a realidade é que é uma plataforma que não é recomendada para crianças menores de 13 anos, por isso não devem usá-la, caso tenham jogadores favoritos é melhor que a vejam no YouTube através de seus trechos.

Os vários temas no Twitch

Todos os entusiastas de jogos estão plenamente conscientes do que o Twitch tem para oferecer, mas surgiu todo tipo de conteúdo que é aclamado pela comunidade que, por sua vez, prefere o conteúdo streaming, e isto tem aumentado ano após ano, especialmente com os eventos que são realizados a cada ano.

Mais pessoas no mundo entram no Twitch por diferentes razões, por isso é um espaço para entrar e ter uma conta, porque se você é um amante de transmissões de vídeo esta é uma oportunidade para mostrar o seu talento, especialmente para aproveitar o crescimento excessivo que esta plataforma está tendo.

A comunidade global do Twitch está disponível para qualquer usuário, por isso é classificada como uma rede social, atingindo o mesmo nível do Facebook, Instagram e até do YouTube, e sua qualidade global se deve ao impulso da Amazon para que cada jogador possa transmitir ao vivo para usuários que possam interagir.

Aprenda os passos para criar uma conta no Twitch

Para criar uma conta no Twitch basta seguir alguns passos simples, através dos quais você poderá explorar toda a funcionalidade desta plataforma, os passos são os seguintes:

1. Acesse https://www.twitch.tv/.
2. Clique no canto onde aparece a opção "Registar".
3. Preencha os campos solicitados com seus dados pessoais, isso envolve a definição de seu nome de usuário, senha e data de nascimento.
4. Escolha o e-mail como meio de contato.
5. Você pode tirar vantagem de conectar a plataforma com o Facebook, assim você pode começar com o Facebook.

Depois de passar por este curto processo, você pode ter uma conta funcional para transmitir e ganhar popularidade com o tempo, usando cada uma das opções que a plataforma tem.

Como funciona o Twitch

Criar uma conta no Twitch e fazer suas alternativas ao Twitch funcionar é simples, mas os primeiros passos que você deve levar a sério é entender completamente como esse tipo de plataforma funciona, para que o conteúdo que você apresentar seja capaz de superar qualquer expectativa.

- **Explorar Twitch**

Esta opção permite-lhe, como novo utilizador, conhecer tudo o que pode encontrar nesta plataforma, basta clicar no botão explorar para ter acesso a uma extensa lista de categorias, apresentando assim o conteúdo disponível que pode começar a visualizar.

Na primeira página de cada título podes ver de perto o número de pessoas online, isto permite-te clicar na primeira página do jogo para ver quem está a transmitir nesse tópico, também podes mudar no menu "Mostrar" para ir de categorias para canais ao vivo ordenados pelo número de visitantes.

- **Os canais que você segue**

Esta é uma lista dos canais para os quais você está inscrito, onde você pode ter acesso aos usuários que estão "Offline" se eles não estão online, ou aqueles que estão transmitindo naquele momento. Se eles estão online naquele momento, significa que eles estão ativos.

- **Canais em destaque**

Estes são os canais Twitch que você é convidado a seguir porque são os mais populares dentro dessa comunidade, é como uma espécie de sugestão sobre o assunto que você segue, para que você selecione os relatos mais proeminentes naquele ambiente.

- **Jogabilidade, swag e outros detalhes do Twitch Prime**

Este tipo de oferta corresponde a recompensas semanais, para que você possa receber doações e outras monetizações que o Twitch Prime tem.

- **Notificações**

Eles podem ser ativados através do ícone da campainha, esta é uma forma através da qual você pode receber notificações sobre qualquer mudança que é gerada na plataforma, estas mudanças podem ser novos assinantes, realizações e outros tipos de mensagens sobre os canais que você está seguindo, ou algumas outras notícias deste tipo.

- **Obter bits**

Os bits são usados como um sistema de recompensa que pode ser comprado para ser compartilhado ou usado com os criadores favoritos, este tipo de sistema de recompensa é um incentivo em um nível econômico.

- **Ferramentas de perfil e funções**

Aqui você pode encontrar todas as características, ferramentas, configurações e outras configurações sobre o painel de controle para gerenciar sua conta no Twitch.

Twitch Prime e tudo o que ele representa

O funcionamento do Twitch Prime traduz-se numa versão Premium desta plataforma, esta versão ajuda-o a obter toda uma série de presentes que são desbloqueados a cada progresso, para além de conceder e desenhar conteúdos exclusivos, mas o melhor é a fruição dos conteúdos sem qualquer publicidade.

Como o Twitch pertence à Amazon, ele é oferecido através da compra de contas do Amazon Prime ou Prime Video com conteúdo do Twitch Prime, isso acontece automaticamente.

Aprenda a transmitir no Twitch

É uma transmissão como a que ocorre no YouTube ou Facebook Live, também pode ser realizada através do OBS, isto é simples e você só tem que seguir uma configuração que à primeira vista pode parecer complexa, mas se você seguir estes passos você pode realizar a transmissão:

1. Faça o login no OBS Studio, que deve ser baixado com antecedência.
2. Clique em Arquivo, depois clique em configuração até chegar ao botão "Problema".
3. A próxima coisa a selecionar é o tipo de transmissão, você deve clicar em; serviço de retransmissão.
4. Na seção de serviços, clique em "Twitch".
5. Através do servidor, você pode entrar na opção "Automático".
6. Onde diz "chave de transmissão" você deve colar a chave de transmissão do canal Twitch.

Para encontrar a chave de transmissão, você só precisa entrar na sua conta do Twitch, então no canto onde seu nome de usuário aparece você precisa clicar, o próximo passo é entrar no painel de controle, e digitar as configurações para clicar em "canal", dessa forma você pode selecionar para mostrar a chave de transmissão principal.

É importante que você leia o aviso que a plataforma emite, para que você concorde com todas as condições e clique em "entendido", então você só tem que copiá-lo para usá-lo no OBS.

Características do painel de controle do Twitch

O painel de controle do Twitch é um dos pontos importantes a considerar, como esta plataforma de streamer tem várias preferências ao transmitir, por esta razão tem um serviço de configuração ampla, você só tem que prestar atenção a cada opção para obter o melhor do canal, estas opções são úteis.

Por meio de uma seleção específica você pode ganhar dinheiro através do Twitch, isso acrescenta mais relevância a essas etapas, portanto você deve descobrir as seguintes configurações básicas:

1. **Ao vivo**

As informações sobre a transmissão podem ser encontradas nesta seção, graças a estas opções você pode encontrar o título da transmissão, as notificações sobre o que acontece durante as transmissões ao vivo, a categoria à qual o conteúdo pertence, até as tags e o idioma.

2. Título

Você tem 140 caracteres para digitar um título para a transmissão, assim você pode tentar torná-la atrativa para ganhar usuários, essa é a maneira de atrair muitas pessoas, então quando alguém se deparar com sua transmissão, não vai causar hesitação em entrar para assistir ao conteúdo.

3. Notificações de transmissão ao vivo

É um tipo de mensagem que aparece aos seguidores quando você está transmitindo ao vivo, mas é melhor usar esta oportunidade para criar uma chamada à ação criativa que possa obter resultados, para conseguir isso você pode criar um texto de 140 caracteres para este fim.

4. Categoria

Para escolher o tipo de categoria você deve se concentrar apenas no tipo de conteúdo que você vai publicar, este detalhe é importante porque se você selecionar outra categoria que não esteja relacionada ao tópico, você não vai obter os telespectadores certos, pois eles não vão encontrar o seu conteúdo porque ele está no lugar errado.

5. Etiquetas

As tags representam um ponto crucial, mas são subestimadas pela maioria dos usuários no Twitch, quando na verdade elas podem ir mais longe com sua conta, dando-lhe a atenção que merece, usada para descrever o fluxo ou indireção, acima da categoria.

A maioria dos telespectadores os utiliza para encontrar os fluxos que lhes interessam, pois funcionam como uma espécie de filtro para eliminar o conteúdo que você está procurando em um amplo catálogo, portanto, ao pesquisar tags específicas e explorar recomendações, eles são as avenidas através das quais um grande número de usuários chega ao canal.

Twitch é responsável pela gestão da emissão de tags, porque procura oferecer uma selecção que está disponível, mas você tem a oportunidade de personalizar e adicionar algumas, seguindo o feedback que recebe e dependendo do tipo de conteúdo que está a transmitir.

Idealmente, as tags devem seguir as mesmas aspirações da comunidade, para que você possa até incluir um tipo específico de tag, para escolher a tag apropriada você pode seguir algumas sugestões ou pesquisar as tags disponíveis sobre o assunto que tem domínio nas transmissões que você faz.

As tags são encontradas ao lado da miniatura ou trecho do vídeo, ou seja, deve ser compatível com o título do vídeo, bem como com a categoria, dessa forma você terá a atenção que procura, no caso de páginas de diretório este é um espaço onde os espectadores podem usar tags para filtrar diretórios de categorias.

Com base no que os usuários estão procurando, eles podem ser alcançados com as tags que você coloca, ou seja, se um usuário só coloca arte, e você quer chamar a atenção das pessoas que têm essa preferência, certamente a tag deve ser composta por essa palavra, embora você possa usar recomendações personalizadas como um sistema onde as tags são estimadas.

Ao recomendar novas transmissões de acordo com o tipo de histórico de visualização que você tem, você deve seguir ou usar a tag que é mais repetida dentro da comunidade que você quer alcançar, ou seja, que o torna mais elegível para suas preferências, o mesmo vale para as tags que são mais procuradas.

A inclusão de tags tem muito a ver com transmissões ao vivo, pois elas estão incluídas acima da seção de informações de transmissão, isto é feito através do painel de controle ao vivo, isto pode ser feito tanto pelos proprietários do canal como pelos editores.

Alguns tags são adicionados automaticamente junto com o idioma, caso você queira mudar o idioma que você tem que entrar na transmissão ao vivo no Painel de Controle ao Vivo, a configuração dos tags tem que ser atualizada exatamente como os títulos, pois sua função é descrever a transmissão atual quando o canal transmite uma transmissão ao vivo.

Quando você estiver transmitindo ao vivo via software de transmissão de terceiros, é essencial que você não esqueça de incorporar as tags apropriadas através do painel de controle ao vivo, ou peça a um editor de canais para cuidar dessa função.

A concepção das tags tem como objectivo ajudar o espectador a encontrar o conteúdo ideal, dependendo dos seus interesses, e estes podem não estar ligados a essa categoria ou tópico em particular, permitindo-lhe ganhar liberdade ao criar uma tag para descrever a emissão.

Isso significa que você pode transmitir conteúdo de tendências sem que o vídeo precise fazer parte dessa categoria, o importante é que você dedique tempo e esforço à descrição da transmissão, sempre com uma visão objetiva para que o conteúdo possa ser recomendado sem problemas e direcionado para os telespectadores que são certos para você.

No caso de publicar jogos ou conteúdos competitivos, não deve adicionar uma etiqueta que diga "excitante", caso contrário, o conteúdo não aparecerá acima da secção ou lista de vídeos em destaque.

6. Idioma

O idioma que aparece na maioria das opções, vai de mãos dadas com o idioma que você usa para sua transmissão, você também pode selecionar o idioma apropriado para sua nacionalidade, e quando você define um idioma específico, você pode gerar o acesso à transmissão para esse idioma específico.

Quando você define o idioma adequadamente, você recebe a ajuda para que a conta seja encontrada efetivamente e sem perder tanto tempo, por isso é um detalhe que não deve ser subestimado.

7. Extensões

As extensões são diferentes aplicações ou plugins que são instalados para fazer ajustes nas transmissões, para que o canal possa receber um nível superior de valor, pois existe uma grande variedade de extensões para atender aos seus objetivos, para que você possa encontrar a que se adequa às suas necessidades.

8. Conquistas

Uma plataforma como Twitch também tem um incentivo como algumas conquistas, assim, uma vez que você complete certos passos, você terá a possibilidade de desbloquear alguns recursos que a plataforma tem, ou você pode simplesmente usá-la como uma distração, o importante é que você se motiva como uma streamer para ser o melhor.

9. Eventos

Os eventos são aqueles que funcionam na mesma linha dos organizados pelo Facebook, para os quais normalmente é publicada uma foto com o título, descrição do evento, data de início e fim, o idioma em que será realizado, mesmo a categoria, estes eventos são geralmente interessantes e uma oportunidade ao mesmo tempo, para fazer um lançamento.

10. Atividade

A atividade é um fator onde todas as funções ou passos realizados são resumidos, o que significa que o que você faz no Twitch será refletido nesta seção, é baseado em um histórico da conta para que você possa levar em conta as modificações, retransmissões e qualquer outro tipo de atividade como seu nome indica.

11. Ferramentas de transmissão

Este conjunto de ferramentas são programas que podem ser usados para criar e configurar suas transmissões ao vivo, existem em todas as formas que você pode imaginar, de pago a gratuito, o mais comum é usar o OBS, para aproveitar ao máximo suas funções você deve se familiarizar com o que ele oferece.

Um passo fundamental é obter a última versão do OBS, onde você pode encontrar seções para testes, bem como as fontes que você vai usar durante a gravação, por isso é recomendado que estes passos sejam feitos com antecedência, para que você tenha tudo coberto durante a gravação.

Há também uma opção de exibição no navegador para que você possa incluir algum tipo de captura de tela, bem como verificar a entrada de áudio que a transmissão terá, todos os quais são detalhes de preparação para ilustrar o tipo de vídeo ou conteúdo que você vai criar.

O software visa projetar o mesmo que você está assistindo atrás da tela, bem como ajudar a gerenciar o uso de hardware como o microfone, a imagem da transmissão que você pode diminuir e expandir como é melhor para o vídeo, outra função curiosa é capturar o áudio e servidor de jogos.

Quando você inicia o jogo, este programa gratuito se encarrega de capturar todo tipo de detalhes, pode reconhecer o jogo para aplicar as configurações mais adequadas, a gestão da webcam é útil quando se trata de transmissão, esta é uma forma de ter o controle total da gravação.

Cenas podem ser adicionadas no momento da inclusão do vídeo, e você pode incluir imagens para criar uma apresentação com transições, esta é uma das utilidades mais comuns que receberam este tipo de programa, o que permite personalizar a transmissão da forma e estilo que você deseja, sem esquecer a inclusão de texto que pode ser realizado.

12. Análise

É definido como uma seção para encontrar os dados sobre as transmissões, do ponto de vista sócio-demográfico, bem como as horas de reprodução, entre outros detalhes, para que você possa tomar decisões sobre o seu conteúdo, isso ajuda a levar a sério o seu progresso como um streamer.

Para conseguir rentabilizar dentro desta plataforma não pode deixar de reforçar estes aspectos, também ajuda a conceber uma estratégia graças à análise deste tipo de dados, é uma medida para poder melhorar.

13. Vídeos

É um modo ou uma secção para publicar os seus próprios vídeos que foram editados, isto torna mais fácil expô-los como uma falsificação ao vivo, para que possa organizar toda a secção em colecções, para que possa formar clips de vídeos que pertencem a outras streamers, ou seja, são guardados e podem ser vistos novamente noutra altura.

Configurações de canal adicionais

Através das configurações encontradas no painel de controle, você pode acessar uma das partes mais importantes de se apresentar como um streamer de sucesso, por isso você deve reconhecer os seguintes pontos:

- **Canal**

Nesta seção você pode encontrar a chave de transmissão que você deve usar para começar com OBS, isto é reiterado porque muitas vezes você perde a localização desta chave, através desta seção você pode selecionar se você quiser salvar as transmissões anteriores, você tem um período máximo de 14 dias para mantê-la como um usuário normal.

Se você é um usuário Prime, parceiro ou turbo, você tem 60 dias para ter o vídeo salvo, e dentro das opções você pode escolher se é conteúdo adulto, o que não significa que seja pornografia, mas sim que anúncios violentos ou outras medidas são transmitidos antes do início da transmissão.

Por outro lado, você pode escolher a preferência de otimização, isso ajuda a garantir que a qualidade do vídeo possa ir de mãos dadas com o streaming, ou seja, caso você tenha baixa potência no seu pc, pode ser complexo executar duas tarefas, como o jogo e o OBS, você pode selecionar a medida de "baixa latência".

Por outro lado, quando você tem uma grande equipe que pode apoiá-lo, você pode continuar transmitindo sem limitações, outro ponto a ser cuidado são as permissões, pois você tem o poder de escolher se outras pessoas podem transmitir o conteúdo do seu canal.

Um aspecto estético que proporciona melhor presença é criar um banner que pode aparecer quando o canal é desativado, dessa forma os seguidores podem entrar e assistir a um vídeo anterior, sem a necessidade daquela irritante imagem preta que permanece na tela, pois quanto mais autêntico você for, mais usuários você vai atrair.

Os recursos facilitam a gestão de permissões na comunidade, onde você pode conceder e designar um editor na medida em que eles tenham as mesmas funções que o proprietário do canal, bem como incluir um moderador que é responsável pela gestão de um ambiente de chat amigável.

Por outro lado, existem os usuários VIP que são descritos como proeminentes na comunidade, você também pode encontrar as configurações de moderação para que todos que querem estar em contato com você, a participação no chat é um aspecto que você não deve negligenciar, e você também pode ter um verificador de e-mail.

Formas de ganhar seguidores no Twitch

Uma vez que você tenha seu canal configurado, conheça cada função e configuração, o próximo passo é criar um canal que seja chamativo, para que seu conteúdo seja um dos mais visitados, fazendo pleno uso de tudo o que OBS tem a oferecer, além de ter identificado antecipadamente o tópico com o qual você vai lidar na transmissão.

Começar a atacar é simples quando você cobre estas bases, o essencial é que você leve em conta a variedade de canais como motivação e não como algo desencorajador, porque você pode conseguir seguidores desde que você estabeleça como meta, já que o nível de tráfego que está nesta plataforma é uma oportunidade.

Desde que você tenha algo único para oferecer através do seu canal, você pode explorar ao máximo as possibilidades de crescimento que lhe são apresentadas, para isso você pode usar e colocar em prática algumas dicas para se tornar uma grande streamer, tais como as seguintes ações:

1. Defina que tipo de streamer você é

O que você quer estar no meio do Twitch é um ponto básico para crescer nesta plataforma, pois você precisa pensar primeiro se é um jogo, depois se você vai jogar todos os modos ou apenas os novos lançamentos, consequentemente, você precisa definir o tipo de console que você vai usar, bem como o estilo para escolher se ele é retro ou novo.

Uma vez que você possa responder essas perguntas básicas e importantes, você pode tomar decisões para crescer nesse meio ou tópico, a ponto de monetizar sua conta, este é um ponto realmente fundamental para o seu futuro nesta plataforma.

2. Construir uma estratégia de valor

É vital que quando você se juntar ao Twitch, você possa se dedicar à transmissão porque você é apaixonado por ela, mas não porque você só está procurando ganhar fama, porque isso é percebido pelos usuários, você deve espalhar empatia e amor por esse conteúdo, se você não cumprir com isso você pode ser esmagado pela concorrência que usa muito mais carisma.

A formação de uma estratégia não implica levá-la tão a sério que perca a sua naturalidade, já que depois se nota ao vivo que você está seguindo um roteiro inflexível, o mais valioso é que você se divirta com o que transmite, dessa forma você terá mais usuários para vê-lo a ponto de ganhar mais usuários em seu favor.

3. Identificar o que há de melhor na sua oferta

Toda comunidade é formada quando é alcançada com uma proposta de valor, por isso você deve conhecer a si mesmo para promover seu canal, se você é um especialista no assunto e procura compartilhar com os seguidores todos os seus truques, você está formando um perfil que irá proporcionar a cada pessoa, mas isso deve ser combinado com a sua personalidade.

A forma como você explica uma transmissão é muito importante, é um valor agregado que pode ser definido na forma como você ensina os outros, você deve ter tempo para aprender a melhor maneira de alcançá-la, por isso pode ser um tópico redundante no Twitch, mas é apresentado por mais de 1000 maneiras de explicá-lo.

O melhor que você pode selecionar é o que mais lhe convém, pensar ou priorizar o tipo de personalidade que você possui, dessa forma você pode encontrar as respostas sobre o que você quer fazer, mas o objetivo de tudo isso é criar um momento agradável para que as pessoas o vejam, esse lado chamativo é o que você não pode perder.

4. Mantém a constância

Para ser um streamer profissional você deve implementar consistência, isso é necessário para tudo o que você propõe, por isso é uma ótima idéia definir horários para gravação, para criar o hábito de alocar esses dias para essa atividade, você também deve estudar o tempo mais freqüentado pelos usuários, isso ajuda você a ganhar tráfego durante as transmissões.

Quando você transmite conteúdo regularmente, você conseguirá que os usuários se lembrem de você, mas você também deve pensar nas necessidades dos usuários, ou seja, quando você pode ter acesso à maior concentração dessa comunidade, é essencial que você tenha uma medida fixa de criação de conteúdo para que seja fácil promovê-la.

5. Organize rifas ou recompense a sua comunidade

Nada excita mais uma comunidade de seguidores do que dar brindes, por isso uma boa maneira de ganhar o apreço das pessoas é através deste canal, por isso organizar um concurso e oferecer brindes é uma boa motivação para que eles venham ao canal, o mais competitivo é um sorteio porque ajuda a ganhar tráfego.

6. Criar e planejar estratégias em outras redes sociais

O Twitch é reconhecido como uma rede social em si, mas você pode usar o tráfego de outras redes sociais para se fazer conhecer, ou seja, você pode implementar um plano de Mídia Social, isso deve se encaixar no tema do canal, bem como uma forma de compartilhar conteúdos valiosos, fazendo com que seus seguidores sejam encorajados a se juntar ao Twitch no seu canal.

Você não pode esquecer de pedir às pessoas para segui-lo em outras redes sociais, isto funciona como um trampolim para crescer nesta plataforma, o principal requisito é que você estabeleça relações com os usuários e se mantenha ativo no compartilhamento de conteúdo, enquanto ainda se faz conhecido para que você atraia a atenção.

A conversa com os usuários é uma boa maneira de compartilhar conteúdo, além disso, com outras streamers você pode ajudar um ao outro como uma troca de promoção, para que ambos se tornem conhecidos usando a comunidade um do outro.

7. Participar em eventos e networking

Eventos sobre o seu tema Twitch são um trampolim brilhante, dessa forma você pode ir longe usando uma comunidade local, para ganhar suporte virtual, além de precisar ser reconhecido no meio ou pelo menos se envolver com uma atividade nesse ambiente que possa chamar a atenção das pessoas ou dos usuários.

Os eventos estão ganhando cada vez mais força, especialmente quando se trata de videogames, atividades virtuais podem ser criadas, como competir com outras streamers, fundindo assim a popularidade de todos em um fluxo que pode movimentar uma grande quantidade de tráfego que é benéfico para todos.

Ao transmitir você pode se tornar um especialista desde que leve cada passo a sério, e você tem a opção de trabalhar em rede com outras streamers para usar esse suporte em seu benefício, bem como para apresentar conteúdos que atraiam esse setor, pois não há nada mais emocionante do que um bom evento.

8. Aprender e desenvolver ações de design gráfico

Seu canal pode ser moldado como melhor se adequa ao tipo de conteúdo que você apresenta, pense nele como decoração de uma sala e da mesma forma que você vai criar um canal que seja competitivo, desde que ele emita uma imagem perfeita você fará o design falar por você, será uma apresentação em si.

Se o design não é o seu forte e você não quer fazer um grande investimento neste tema, você pode usar algumas ferramentas simples que podem ajudá-lo, estas são totalmente on-line e com uma operação intuitiva para que você seja capaz de apresentar um ótimo design, entre as opções que se destacam Canva.

Há muitas maneiras de fazer os seguidores se apaixonarem através do design, o importante é que você possa ir mais longe, ou seja, procurar uma imagem perfeita para o tema, porque isso ajuda a fazer a personalização e que os usuários possam reconhecê-lo, para que você possa procurar suporte para ter um vídeo de introdução antes de transmitir um streaming.

9. Relay através de outros canais de mídia social

Por mais que Twitch seja uma das plataformas de transmissão número um, você também pode usar outras mídias sociais para fazer com que seu conteúdo seja notado - você pode usar recaps, trechos, partes engraçadas e muito mais para chamar a atenção para outras redes sociais de vídeo.

Você pode tentar transmitir o seu conteúdo através do Facebook Live ou mesmo no YouTube, o importante é que é uma proposta variada, dessa forma você pode diversificar seus seguidores e levar a atração que você gera de uma plataforma para outra, pode ser algo que requer dedicação, mas vale a pena crescer e se tornar conhecido.

10. Pesquisa e implementa o Neuromarketing

Como especialista é comum que você queira causar cada vez mais impacto com seu conteúdo, por esta razão o estudo do neuromarketing é muito útil para transmitir emoção e, sobretudo, para conquistar o afeto dos telespectadores, as mentes dos seus usuários podem ser dominadas desde que você tenha o cuidado de causar atração.

11. Não uses a frase "segue-me e eu sigo-te".

Este tipo de metodologia desesperada para conseguir seguidores só o deixa como uma conta desesperada, só funciona ou é mais apropriada quando você a usa ao começar neste meio, e você pode aplicar este texto em fóruns, mas com o objetivo de alcançar pessoas que estão na mesma situação que você, em termos de progresso.

A proposta "siga-me e eu o seguirei" pode causar constrangimento, especialmente quando se trata de escalar uma plataforma onde você tem que ser interessante por causa do tipo de conteúdo que você apresenta ou do assunto, esta não é uma má estratégia, mas você não deve se acostumar a ela.

Saiba como ganhar dinheiro no Twitch

Ser uma streamer gera muitos benefícios, entre eles está a oportunidade de gerar renda, esta é uma realidade quando você tem um desempenho aceitável, ou seja, o conteúdo deve ser bom para o seu canal pode rentabilizar da forma que você espera, para alcançar esta tarefa você pode seguir algumas dicas.

Um passo fundamental para ganhar dinheiro é aprender o máximo que puder sobre Twitch, isso também inclui manter-se atualizado com o que há de novo na plataforma, depois assumir seu papel de serpentina o mais profissionalmente possível, mas não ao ponto de você ficar obcecado em ganhar dinheiro.

O processo de monetização do Twitch é um fato que precisa de paciência, pois não acontece da noite para o dia, mas você pode ter em mente que a Amazon tem um programa de afiliados e o mesmo acontece com o Twitch, neste caso a própria plataforma é responsável por convidá-lo a ser um, mas você deve atender a alguns requisitos, como os seguintes:

- Alcance um nível de transmissão de 500 minutos nos últimos 30 dias.
- Retransmeteram durante os últimos 7 dias, cerca de 30 dias.
- Tenha uma média de 3 telespectadores ao mesmo tempo nos últimos 30 dias.
- Ter pelo menos 50 seguidores.
- Manter uma conta autenticada em duas etapas.

Uma forma adicional de gerar dinheiro é através do sistema de doação, que se baseia na ativação de um banner que permite aos seguidores fazer doações financeiras como uma contribuição ao canal, ou seja, é baseado em um show de apoio ao conteúdo.

Além disso você pode usar outro tipo de sistema de afiliados, para isso você deve compartilhar alguns links que lhe permitem ganhar comissão quando alguém compra através do link, isso segue a mesma dinâmica que se desenvolve no sistema de afiliados da Amazon ou como acontece com outras lojas de videogame como a G2A.

Twitch desenvolve um sistema Bit, que permite que você receba um centavo cada vez que alguém usa um Bit para enviar um aplauso no canal.

A celebração do Twitchcon

A celebração do Twitchcon é conhecida como um evento anual, uma oferta do melhor que a plataforma tem para oferecer, esta celebração ocorre durante todo um fim de semana, para organizar e celebrar atividades, riachos, torneios e muito mais, uma compilação para os verdadeiros fãs.

O anúncio deste evento tem muito a ver com o desenvolvimento de um grande número de actividades, elevando assim o nível de tráfego que é capaz de gerar por si só como plataforma, pelo que é um tópico a que se deve dedicar importância porque a sua participação pode levá-lo a ganhar seguidores.

A oferta do Twitch sobre videojogos

Este ponto é relevante para aqueles que acreditam que Twitch é apenas sobre videogames, pois as categorias dentro da plataforma estão em expansão, uma das mais populares é IRL, que é conhecida como um espaço para canais dedicados a talk shows e podcasts.

Tudo relacionado com música e artes performativas recebe um tratamento especial, bem como temas de ciência e tecnologia são bem recebidos nesta plataforma, e os utilizadores que lidam com jogos de role-playing, ou a explicação de um ofício como trabalhar com tinta, este tipo de visão tem uma grande escalabilidade neste meio.

Os eventos também podem ser relatados através desta plataforma, juntamente com a inclusão de esportes e fitness, além de pessoas cozinhando e até mesmo comendo ao vivo para experimentar um prato, o que também está causando interesse entre a comunidade de usuários.

No meio da IRL, um dos canais que está ganhando mais tração é o Just Chatting, onde os usuários se sentam e usam sua webcam para falar sobre algum incidente estranho que acontece, desde que as questões de política da plataforma sejam salvaguardadas, pois a privacidade não pode ser quebrada através do Twitch.

Este tipo de criação de conteúdo brilha porque é tão interessante, em si mesmo é um tema que convida à participação constante, estes têm sido destacados para o mesmo nível de campeonatos de videojogos, por isso é uma forma que se estabelece para prevalecer e mais pessoas ficam encantadas por esta forma.

Ganhar a vida através destes temas é uma alternativa que está ganhando força, o essencial é que os espectadores desfrutem do que estão assistindo, esse tipo de motivação é o que você deve despertar para que as tendências crescentes ganhem seu próprio espaço, especialmente com a geração Z ou V, que são os mais predominantes online.

A experiência do Twitch pode ser diversificada, desde que você encontre uma maneira de transmitir em um estilo original, isto é o que torna possível para um maior número de usuários manter o conteúdo que você transmite, isto vai de mãos dadas com as preferências que surgem do marketing digital, onde a criatividade sobre o conteúdo se encaixa.

O que você precisa saber para começar o Twitch...

Uma das primeiras considerações para começar no Twitch e ganhar popularidade é pensar do ponto de vista dos espectadores, descobrir do que milhões de pessoas gostam e são apaixonadas, para que você possa combinar com seus gostos, este site de transmissão ao vivo está surgindo como uma das maiores plataformas.

Quando se trata deste propósito, ele é apresentado como uma oportunidade ou um meio de alcançar mais de 15 milhões de espectadores, tornando-se assim um espaço para demonstrar esse talento profissional para alcançar mais pessoas, apresentando videogames, entrevistas, sessões e transmitindo todo tipo de conteúdo.

Tornar-se famoso é uma opção sob todas as alternativas que esta plataforma tem, portanto você deve começar por ser um verdadeiro streamer e despertar simpatia, além de atender aos requisitos de hardware necessários para atender às expectativas dos espectadores, mas também para desenvolver o assunto sem falhas óbvias.

- **Requisitos para transmitir no seu canal Twitch**

Um passo básico que você deve esgotar é mostrar o conteúdo da melhor maneira aos espectadores, para isso é vital cobrir certas medidas básicas para que sua proposta digital seja interessante e atraente ao mesmo tempo, mas é importante que você possa contar com um bom PC ou um console de jogos que seja adequado ao tema que você deseja desenvolver.

Com isso no lugar, você pode se dedicar a ter um software para realizar o streaming de qualidade que você está procurando fornecer, isso também inclui o uso de um microfone para que você tenha um nível maior de clareza de áudio, geralmente é melhor investir em fones de ouvido que incorporam o microfone porque ele representa uma maior conveniência.

Da mesma forma que a câmara desempenha um papel importante, uma vez que é a que compõe o conteúdo para que os fãs o possam desfrutar, é importante que saibas transmitir a partir do PC, para isso podes ver alguns tutoriais que te ensinam os passos anteriores, para dominar a gravação a partir da Xbox One, PS4, Nintendo Switch e outros.

Os guias sobre este tipo de configuração são de grande ajuda para que você possa alcançar resultados de qualidade, assim como para integrar mais elementos como capturas de tela, clipes e implementar algumas dicas que priorizam o nível estético.

- **Dispositivos recomendados para streamings**

O desenvolvimento de streamings requer a inclusão de equipamentos adequados, embora em alguns temas existam excepções que fazem com que a transmissão a partir de um computador não seja tão complicada ou dispendiosa, da mesma forma que ser um streamer implica um investimento contínuo para que se possa progredir e tornar-se cada vez melhor.

No caso da própria plataforma Twitch, recomenda-se ter um processador Intel Core i5-4670 ou equivalente à AMD, a memória RAM correspondente deve ser de 8 GB e o sistema operacional deve ser Windows 7 ou superior, da mesma forma que pode ser feito a partir de um Mac.

Para a transmissão de jogos de PC, você deve ter uma placa gráfica que tenha potência suficiente para suportar ambos os programas, e deve ser capaz de suportar DirectX 10 e superior, e para a Internet, você deve usar uma conexão que seja rápida e estável.

Estas medidas são recomendadas e as melhores para que você tenha fluidez na criação de conteúdo, em relação à internet você deve incorporar uma velocidade de upload de 3 MB por segundo, isto é viável para a maioria das conexões de internet, se você está se perguntando sobre transmissão a partir de um celular ou um computador, este último é sempre recomendado.

Usando a área de trabalho de um computador você pode iniciar e realizar a transmissão, porque a transmissão de conteúdo de um computador que é portátil é uma realidade, desde que ele possa atender às especificações básicas para cuidar da qualidade, no caso de você usar um dispositivo móvel você deve certificar-se de que ele excede as expectativas dos usuários.

Os requisitos centrais do sistema Twitch são muito acessíveis, tanto para a transmissão ou streaming, como para a reprodução de jogos com um elevado nível gráfico, embora seja verdade que exigem uma carga considerável no PC, mas não o saturam completamente.

Por esta razão alguns populares streamers online usam dois PCs para aliviar e distribuir a carga, porque um é usado para carregar os jogos e o outro para streaming, isto pode ser complexo para configurar ou dominar no início, mas você pode usar software como o CyberPower que facilita o gerenciamento de dois PCs em uma torre.

- **Principais detalhes sobre como criar uma conta no Twitch**

O Twitch personalizado de adesão pode ser desenvolvido via https://www.twitch.tv, para que você possa aderir à plataforma para que você possa realizar a transmissão, onde você seleciona um avatar, banner e descrição, para que você possa criar uma apresentação para que você seja atraente para os usuários.

Ao mesmo tempo você tem que incorporar a configuração de arquivamento das transmissões, para que você tenha acesso a elas temporariamente, isso faz com que você possa assistir mais tarde, por meio da opção de configuração, então em canal e vídeos você vai encontrar as transmissões de arquivo.

- **O software que você precisa para a transmissão no Twitch**

Uma ferramenta chave ou parte da transmissão no Twitch é o software de transmissão, para que você possa compartilhar o conteúdo com os usuários, o software mais usado para este fim é o Open Broadcasting Software (OBS), que é completamente gratuito.

Por outro lado, há o software XSplit, que permite ou tem uma interface fácil de usar porque suas opções são intuitivas, mas suas funções são oferecidas através de uma assinatura paga para oferecer exclusividade, além da seleção do software, você deve implementar uma configuração na transmissão.

No meio da transmissão e suas configurações, é vital selecionar as fontes com as quais deseja transmitir, ou seja, escolher o tipo de monitor do computador, a fonte original do jogo ou a webcam, e também é vital definir a forma em que os elementos serão exibidos ao espectador.

A escolha da skin ou overlay é importante porque é o texto que aparece quando um espectador subscreveu o canal, o mesmo vale para a incorporação de detalhes sobre o chat, a formação do feed de doação para rentabilizar o canal se você cumprir as condições descritas.

Finalmente, uma das configurações que você precisa colocar em prática é sincronizar sua conta do Twitch, para que você possa transmitir os fluxos ao vivo que deseja, tomando as precauções e cuidados necessários.

- **A incorporação da câmara e do microfone**

Se você não tiver uma webcam e o tema do canal for baseado no contato com a comunidade, você deve escolher um dispositivo que lhe permita mostrar seu rosto, e o Logitech HD Pro C920 é uma das melhores escolhas que você pode fazer, pois oferece captura de qualidade baseada em 1080p.

Isto significa que é um amplo campo de visão, para que você possa gravar, o modelo Logitech C922 tem a mesma qualidade 1080p, mas tem remoção automática do fundo, o que significa que você pode aparecer no jogo sem ter que colocar um ecrã verde.

Por outro lado, há também a função do Razer Kiyo, que tem qualidades semelhantes para proporcionar a clareza para cancelar a luz que é incorporada para que o seu rosto possa ser distinguido sem qualquer problema, embora a um nível técnico você pode usar fones de ouvido para streaming, é melhor investir em um microfone.

Quanto mais equipamento especializado você usar, melhores resultados você pode obter, e o microfone faz com que a audiência o ouça claramente, um dos mais comprados para este fim é o Blue Yeti que pode ser usado via conexão USB, e fornece áudio de alta qualidade e uma maneira de coletar o ruído que se encaixa.

Se você não tem orçamento para começar a transmitir desta forma, você pode escalar ou considerar outros dispositivos mais baratos, como o Samson Go Mic, por suas qualidades portáteis, e o Razer Seiren, ambos são opções úteis para apresentar uma imagem profissional de si mesmo.

Streaming no Twitch através de consolas de jogo

Se tiveres uma consola Xbox One ou PS4, tens a possibilidade de transmitir a partir da própria consola, sem necessidade de utilizar qualquer outro dispositivo ou software extra, através do Xbor One só tens de transferir a aplicação Twitch, que podes obter gratuitamente.

Se você quiser transmitir a partir da PS4, basta rolar para o menu para compartilhar a partir do próprio sistema, embora via Xbox você também possa aproveitar esse tipo de opção para se conectar diretamente à plataforma Twitch, além da aplicação gratuita que tem o Microsoft Store.

Em ambos os casos é fácil completar estes passos, embora a limitação de utilizar um console para streaming seja que você não pode fazer ajustes ou customizações como pode a partir de um PC, mas ainda assim é uma alternativa eficaz para fazer parte do mundo do streaming.

Quando quiseres fazer stream através do Nintendo Switch ou de uma consola semelhante, podes ganhar controlo sobre o stream através de um cartão de captura, que podes registar no jogo da consola no teu PC, para que possas ter conteúdos mais bem geridos com o teu próprio selo de personalidade.

Esta última opção de streaming via cartão de captura é uma solução popular dentro deste meio, tipicamente a que é frequentemente utilizada é o Elgato Game Capture HD, que permite a gravação de vídeo 1080p a partir de um Xbox One, 360 e também em PS4, PS3 e Wii U.

Independentemente do tipo de consola, ou do tipo de sistema com saída HDMI, a placa de captura funciona idealmente, os adaptadores de componentes podem ser adicionados para permitir que você transmita em estilo retro, para cobrir algumas gravações suaves ou fluidas de 60 quadros por segundo, você pode nivelar até o ponto HD60.

Transmissão no Twitch através de um PC

Se você é apaixonado por jogos de vídeo principalmente, você pode entrar no Twitch para transmitir jogos, o mesmo vale quando você quer criar algum tipo de programa, porque é uma plataforma pioneira no assunto de transmissões, por essa razão hospeda até 140 milhões de espectadores mensais de uma forma única.

O tipo de streaming que atrai mais atenção é Fortnite, PlayerUknowns, World of Warcraft e os outros shows realizados nas categorias de arte e culinária, onde o conteúdo esportivo também está ganhando terreno, e qualquer pessoa pode criar conteúdo original para aproveitar as opções de transmissão do Twitch.

Para além das capacidades de jogo habituais da PS4 e Xbox One, também têm capacidades de streaming, no caso de o quereres fazer a partir de um PC só precisas de ter hardware que possa satisfazer as exigências desta actividade de streaming, bem como de implementar um software de streaming para utilizar a tua conta Twitch.

Partilhar o seu conteúdo no Twitch com o mundo é fácil, porque tudo o que tem de fazer é inscrever-se para começar a desfrutar do seu funcionamento ao vivo, é uma plataforma ideal para qualquer pessoa, e tudo o que tem de fazer é configurar as seguintes definições para começar a transmitir:

1. Instale o aplicativo de transmissão no PC, para isso você pode incorporar diferentes soluções como o uso do Open Broadcaster Software (OBS), que está disponível para Windows, Mac e Linux, bem como XSplit, que é projetado para Windows.

   OBS é livre para operar, graças à sua natureza de código aberto, mas precisa cobrir algumas configurações adicionais, enquanto XSplit tem opções intuitivas, embora suas opções dependam de uma assinatura paga para acessar suas funcionalidades.

2. Vai ao Twitch e faz o login.

3. Selecione o Painel de Controle no menu suspenso, para que no canto superior direito da tela você possa fazer as configurações desejadas.
4. Encontre e clique no tipo de jogo que você deseja jogar através do separador "Jogar".
5. Aceda ao título para que possa transmitir eficazmente.

Se você deseja usar o OBS, você também deve realizar uma configuração no relé, com base nestes passos:

1. Clique com o botão direito no OBS, e escolha correr como administrador, o que é vital para usar o Game Capture.
2. Escolha a configuração da transmissão através do menu de configuração.
3. Seleccione Twitch como um serviço de streaming, depois pode clicar em Optimise no canto inferior esquerdo do menu.
4. Volte ao painel do Twitch e selecione Strem Key, depois siga as instruções para receber o seu código de transmissão exclusivo.
5. Copie e cole este código na caixa Stream Key acima do menu de configuração e clique em "Ok".

A próxima coisa a fazer é preparar o cenário para você ir ao vivo, seguindo estas ações:

1. Através da interface central do OBS, você pode clicar com o botão direito do mouse para entrar na caixa onde diz "Sources", para adicionar a captura do jogo.
2. Selecione o tipo de jogo que você está usando, graças ao menu que aparece para clicar em aceitar.
3. Clique novamente com o botão direito do mouse na caixa "Fontes", você pode então incorporar quaisquer fontes adicionais, isso permite que você insira imagens e texto para ajudar a facilitar a modelagem do design, você pode usar o Monitor Capture para exibir o que você quer na tela, ou selecione Video Capture para lançar a webcam.
4. Entre na pré-visualização do stream para modificar a cena, isto é aplicado para se ajustar completamente ao design que você tem em mente, ou seja, você pode estar usando um stream do jogo, mas quer apresentar um destaque ou sua explicação, isto pode ser adicionado em um canto do stream.
5. Clique para iniciar a transmissão através do painel de controle OBS, dessa forma você estará completamente ao vivo.

Ao usar XSplit, você pode configurar o streaming usando os seguintes passos:

1. Abra e faça o login no XSplit.

2. Seleccione a opção "Broadcast" para adicionar o canal ao Twitch num futuro próximo.
3. Autorize e digite seu nome de usuário e senha do Twitch.
4. Finalmente, clique em terminar, para que o XSplit defina automaticamente a resolução mais apropriada.
5. Configure as propriedades de transmissão e clique em OK.

Prepare a cena para você ir ao vivo, usando estes passos:

1. Vá para a seção Fontes de Tela na parte inferior esquerda da interface XSplit e clique em "Adicionar".
2. Vá para a captura do jogo, para selecionar o jogo que você vai implementar.
3. Adicione uma fonte adicional, como imagens, ou webcam streaming.
4. Arraste a fonte ao seu gosto, isto significa que quando você quiser apresentar a captura do jogo no feed, como um destaque bem-vindo, você pode fazê-lo por meio de uma caixa no canto que expõe a webcam.
5. Depois podes seleccionar Broadcast, depois Twitch, e assim estarás ao vivo.

Como transmitir no Twitch via Xbox One

Se tens uma Xbox One, e queres tornar-te uma popular streamer, podes começar a transmitir a partir desta consola, este é um ponto positivo para provar que és bom, em jogos do tamanho ou calibre da Fortnite, isto pode ser possível com alguns pequenos ajustes de antemão.

Você só precisa colocar a plataforma em funcionamento para você usar o Twitch, graças a estes passos:

- Transfere e utiliza a aplicação gratuita Twitch, que está disponível através da Xbox Store.
- Faça o login, você deve ter uma conta Twitch ativa para começar a transmitir de dentro da aplicação.
  - Entre em https://twitch.tv/activate através de um navegador ou de um PC, Tablet e também de um telemóvel, só precisa de introduzir um código que aparece no ecrã.
- Abre o jogo que desejas transmitir via Xbox One.
- Clique duas vezes no botão home, assim você pode entrar no menu e na parte inferior você pode escolher Twitch, então se você tem Kinect ou microfone conectado ao console, você pode entrar no Twitch apenas dizendo "Cortana, broadcast", ou dizendo "Cortana, open Twitch",

quando o aplicativo estiver aberto você tem que clicar em broadcast.

- Dê um nome ao stream, depois você pode usar o menu de configurações antes de começar, isto é, você pode ajustar o funcionamento do microfone, Kinect, chat e outros, depois você pode escolher o nível de qualidade que o stream tem.
- Faça login para iniciar o twitch e ativá-lo, isso pode ser visto de perto no Twitch chat para modificar as configurações através do lado direito da tela, você também pode esconder a barra lateral do Twitch tocando duas vezes no botão home e selecionando a opção "Unpin", ou dizendo "Cortana, unpin".

Assim você estará ao vivo em um curto período de tempo, e no Google Play você pode encontrar um aplicativo gratuito e para download, ele tem muitos utilitários para configurar a transmissão em tempo real, e também funciona para verificar como a transmissão vai ser.

A incorporação do título da transmissão é possível através desta ferramenta, e facilita a partilha do link para ver a transmissão ao vivo em outras redes sociais, você pode procurar outras transmissões, bem como outras potências.

Aprenda a transmitir no Twitch através do PS4

Para compartilhar os jogos no mundo você pode usar a PS4, pois ela tem compatibilidade de Twitch streaming, pois você pode começar diretamente do console, sendo de amplo uso no caso de você estar procurando começar com Resident Evil 7, é um mundo que pode ser melhor explorado com este tipo de console.

Você pode simplesmente pressionar um botão no console para começar a transmitir no Twitch, seguindo estes passos:

1. Pressione o botão compartilhar no controlador PS4 quando você estiver no jogo.
2. Escolha "Rebroadcast GamePlay".
3. Selecione a opção para fazer o login.
4. Vá para https://twitch.tv/active para inserir o código no ecrã da televisão.
5. Selecione OK via PS4.
6. Selecione Twitch mais uma vez.
7. Escolha as opções para iniciar a transmissão.
8. Fica ao vivo no Twitch.

Quando você quiser terminar a transmissão basta pressionar a opção no menu "Share", há também uma aplicação Twitch na PS4, mas não é obrigatória, apenas permite que você assista às transmissões de outras pessoas, para que você possa encontrar as transmissões em outras aplicações de vídeo, como Netflix, HBO Go e na PlayStation Store.

Como é possível transmitir no Twitch através do Nintendo Switch

Todas as consolas existentes permitem a partilha de jogos através de streaming, através do Nintendo Switch podes encontrar uma elevada compatibilidade com os serviços Twitch, acontece da mesma forma que através da PS4, e Xbox One, isto deve-se à variedade de ferramentas disponíveis para o streaming ao vivo.

A partir da própria consola podes assumir o controlo da transmissão, através do Nintendo Switch isto é possível, apenas o procedimento é feito à moda antiga, uma vez que tens de usar um cartão de captura, passos simples realmente, o importante é que podes fazer a ligação ao cartão de captura para começar a explorar o conteúdo no Twitch.

Tocar ao vivo no Twitch é agora uma realidade, basta seguir os passos abaixo para transmitir:

- Obtém um cartão de captura, uma vez que o Nintendo Switch não funciona ou não suporta a transmissão interna como com outras consolas da geração moderna, por isso deves optar por um dispositivo de captura externo, é normal investir no Elgato HD60, que tem um custo aproximado de 200 dólares. Você também pode encontrar outras versões do cartão de captura que lhe permitirão transmitir em resoluções mais altas, mas este é um custo adicional.

- Depois de ter investido na obtenção do cartão de captura, a próxima coisa a fazer é ligá-lo à doca do Switch e à TV, porque esta é a única forma de transmitir o vídeo, pelo que o cartão deve ser incluído na porta de saída HDMI da doca, para que apenas tenha de carregar no switch específico, embora possa precisar de outro cabo HDMI para a TV para ver o que está a fazer enquanto está a transmitir.

- Conecte o Elgato a um PC, você vai precisar das funções de um PC, ele deve estar próximo para que possa ser conectado ao cabo USB, além da porta mini USB 2.0 no cartão de captura, e a outra extremidade pode ser incorporada ao PC, dessa forma você será capaz de controlar a transmissão do software no PC, mas a imagem exibida é retardada minimamente.

A conexão HDMI que vai para a TV, exibe o jogo na íntegra sem atrasos, você deve baixar o software de captura para usar livremente a placa de captura, a vantagem é que o PC não precisa funcionar como fonte de energia, já que o hardware da placa de captura recebe a maior parte da carga.

Além disso, você deve se concentrar em ter uma conexão de internet estável, especialmente quando estiver transmitindo, por isso é melhor usar uma conexão de internet com fio para continuar com os passos:

- Cria uma conta na plataforma Twitch, se já tens uma conta só precisas de dar um simples passo no jogo, mas se não o fizeres, podes completar cada um dos passos gratuitos.
- Ligue a conta Twitch ao software Elgato, para isso você pode escolher Twitch como a plataforma de transmissão ao vivo em vez do software Elgato, dessa forma você pode fazer login e autorizar o software a acessar a sua conta. O software Elgato tem tudo o que você precisa para a transmissão ao vivo, embora os recursos disponíveis possam não ser suficientes para você.

- Você também pode obter o software de streaming de terceiros, para que você possa cobrir mais controle sobre o streaming, você pode usar serviços gratuitos como OBS ou XSplit, para que você tenha as funções de captura de vídeo da Elgato, bem como outras opções para streaming ou gravação de vídeo.

Aprenda a transmitir no Twitch usando um computador portátil

As transmissões de jogos para plataformas de jogos como Twitch e YouTube são um evento de alta tendência, por isso, quando você está procurando transmitir para seus amigos ou redes sociais, você pode planejar uma mídia apropriada com um público bem diversificado que pode ser construído sob um processo progressivo, mas você pode estar se perguntando se você deve investir muito.

O processo de streaming é simples, através de um portátil isto torna-se uma realidade, esta é a forma de começar, basta conhecer os requisitos mínimos de software e hardware para utilizar o seu computador para este fim, pois é uma forma que funciona e pode utilizá-lo em seu proveito para combiná-lo ou utilizá-lo como hardware de entrada.

Os requisitos que você deve superar para isso é ter uma CPU que seja Intel Core i5-4670, ou uma que seja equivalente à AMD, da mesma forma importa o nível de memória, pois deve ser SDRAM DDR3 de 8 GB, com um sistema Windows 7 Home Premium, onde na maioria das vezes você deve priorizar os requisitos da CPU por ser o componente mais importante.

O processo de transmissão também depende da idade do computador, assim como a velocidade da CPU, então com a i5-4670 você tem uma CPU Haswell de pelo menos 3,4 GHz, essas CPUs em computadores geralmente rodam mais devagar, pois sofrem com certas restrições de calor e energia.

Mas estas qualidades não são uma razão exclusiva para o streaming, desde que seja praticada a configuração adequada, o primeiro passo é a selecção de hardware adicional, porque a partir da afirmação de que um portátil é capaz de satisfazer toda uma gama de requisitos para o streaming, é necessário cobrir outros pontos.

A questão do som não pode ser negligenciada, para isso é melhor apostar em um microfone externo, isso é importante para que os espectadores não recebam falhas ou reclamações, o mesmo vale para os gráficos estes devem superar a baixa qualidade, sem perder a fluidez de uma transmissão comprimida para que não haja ponto de atraso.

Estes hardwares devem ser uma ajuda para fornecer comentários envolventes, com a melhor qualidade possível para que nenhum usuário se aborreça ou desista da transmissão, pois alguns microfones básicos que vêm embutidos em PCs ou fones de ouvido podem ficar muito aquém das expectativas.

A maioria das serpentinas vai para o Yeti Azul, porque funciona como um microfone completo, cobrindo assim mais de 90% do áudio em cada stream, caso esteja com um orçamento, pode optar pelo SnowBall, onde pode oferecer um tipo de áudio compacto, por metade do preço, é aceitável.

O uso deste tipo de microfones cada vez que você tem que transmitir facilita todo o processo de transmissão, e desde que sejam itens que possam ser usados via conexão USB, tudo está à sua disposição para que você possa levar o estúdio com você aonde quiser.

O essencial é que o som não seja afetado por nenhum problema de hardware, você pode tentar com os dispositivos que quiser desde que seja externo, a próxima coisa a tentar ou cobrir é a conexão à internet, pode ser algo bobo, mas a medida recomendada que você deve procurar cobrir é o mínimo de 2 Mbps de largura de banda de upload para transmitir em 720p.

Uma dica útil é optar por uma conexão com fio, para que você tenha estabilidade sobre a rede, pois o WiFi sofre mais distúrbios que podem fragmentar sua transmissão, mas tudo depende de quão confiante você está sobre sua conexão à Internet, que corresponde ao software, que pode ser coberto por diferentes alternativas.

Uma medida do software que você pode implementar é o Nvidia GeForce Experience Share, assim como as opções premium conhecidas como XSplit, mas o usual é usar OBS; Open Broadcaster Software, que é completamente gratuito, e suas funções são parte da qualidade do código aberto.

A utilização destas ferramentas permite-lhe ter um desempenho equilibrado e é fácil de realizar qualquer tipo de configuração, pelo que tem mais possibilidades de transmissões suaves, especialmente porque o OBS está à sua disposição apenas ligando-o porque tem todas as cenas de que necessita.

A facilidade de ter uma cena principal como um jogo, misturar imagens explicativas, projeção do seu rosto pela webcam e entrada de áudio pelo microfone, é uma simplicidade que é exibida em uma única tela, onde você não perde o controle para fazer qualquer corte e depois retomar.

Em cada cena você pode usar uma variedade de fontes, bem como uma diversidade de organizações, com uma simples colocação do tipo para que você não perca nada, no caso de você querer adicionar um dispositivo de entrada de áudio como um microfone basta clicar no sinal "+".

Este processo é repetido com todo tipo de software, por isso é chamado de caminho simples em teoria, o menu permite que você mude e se integre perfeitamente, onde você não deve perder a fonte que o ajudará a integrar a captura de tela, isto por sua vez permite que você mude e crie as cenas do jogo que são mais marcantes.

Para realizar este processo você deve usar a tecla streaming, para salvar todas as configurações e simplesmente indicar para iniciar o streaming, e tudo pode ser monitorado por pré-visualização, caso você queira testar o que um stream exige no seu PC você pode iniciar o stream com um "?", para que o stream seja enviado, mas não é exibido no canal, e dessa forma você pode detectar falhas.

Quando você se encontra em streaming através do software OBS, você pode comprometer alguns dos recursos do seu PC, isso pode ser reduzido através das opções de vídeo, para que você possa diminuir a qualidade da saída de streaming, você pode definir 720p como uma configuração aceitável, e usar a taxa de 30 quadros por segundo.

Outra configuração que você pode alterar é a definição de prioridade, que, em vez de ser definida para alta, você pode ir para a seção avançada da configuração, outros detalhes predefinidos podem ser escolhidos para CPUs mais lentas, mesmo a codificação do hardware pode ser alterada para obter melhores resultados.

Mas você não deve limitar todas as funções para que o software funcione corretamente, embora desativar a visualização seja outra forma de ajudá-lo a não consumir tantos recursos, o que você deve pensar é em cobrir mais energia para as transmissões à medida que a conta progride.

A questão do desempenho tem muitos lados, porque muitos preferem um computador de jogo, e outros com um computador decente podem passar com transmissões, tudo depende de como você se sente melhor trabalhando, então a melhor coisa a fazer é experimentá-lo até que você faça o passo final nas transmissões.

- **Dell XPS 13 com Intel HD Graphics**

Quando se pensa em streaming via laptop, a adição de gráficos Intel HD pode causar curiosidade e controvérsia, até porque pode exigir uma dose maior de paciência, pois a falta de gráficos é uma desvantagem para a codificação de hardware e da GPU, pois está 100% saturada para qualquer jogo.

Dependendo do jogo e do tipo de streaming que você está fazendo, você pode começar a testar com 720p, então você estará trabalhando com uma das configurações mais baixas, esta oportunidade ajuda você a se adaptar à capacidade do equipamento, mas ainda calculando a média de fps que você é capaz de cobrir, para que você possa ver o quanto ele é afetado.

Quando você consegue ter uma CPU leve, você pode ter um laptop capaz de reproduzir e transmitir, impondo os limites de 30 fps que ele é capaz de tolerar, isso faz com que não surjam interrupções durante a transmissão, mas o que acontece é que você percebe a compressão do vídeo em algumas cenas, mas considerando o nível, isso é aceitável.

Você precisa experimentar com recursos gráficos e investir, porque assim suas transmissões ganham o valor que você espera obter da audiência, para que você não tenha que aplicar um entendimento depois ou muito menos.

- **Xiaomi Pro - Nvidia MX150**

É conhecido como Xiaomi Pro Ultrabook que tem um CPU i5-8250U de qualidade, além de ter quatro núcleos, e 8 GB de RAM, em termos de gráficos tem Nvidia MX150, então você vai ter um driver que é capaz de superar suas expectativas, o MX150 é destinado a uma versão móvel pelo GT 1030.

Estes tipos de qualidades oferecem o que qualquer GPU não consegue integrar, tudo isso embalado em um Ultrabook ultra-fino, este acesso significa que ele pode usar codificação de hardware para fornecer uma boa qualidade de streaming, e permite que você empurre sua própria qualidade de conteúdo o mais alto que você quiser.

Em toda a gama de opções gráficas que oferece 1080p de qualidade, este desempenho é igualado por um desempenho semelhante de 720p, embora o visualizador receba uma melhor experiência no fluxo, sem qualquer pulo de compressão, pelo que é aceite uma definição de 60 fps sem quaisquer limitações ou perceptíveis durante as cenas.

A utilização de um Ultrabook com uma GPU dedicada de baixa gama é suficiente para transmissões de 720p, para que o streaming possa ser visto em alta qualidade, com uma performance optimizada.

- **O uso de computadores portáteis concebidos para videojogos**

Você pode experimentar alguns computadores que são projetados para suportar jogos, pois isso garante uma melhor resposta, além de suportar todos os tipos de upgrades, o espaço de transmissão é garantido por um bom equipamento que tem potência.

Alguns computadores que você pode tentar com recomendação completa é o GL62M-7REX, embora ele possa oferecer uma baixa transmissão, se comparado a um computador que tem uma GPU de médio alcance e é moderno, por este motivo, para transmitir a partir de um laptop, você pode encontrar diferentes alternativas para tornar isso mais fácil e mais fácil.

Além disso, você tem o uso de software livre para cumprir qualquer finalidade de transmissão, e com uma configuração baixa, juntamente com algumas funções de hardware, você pode obter resultados brilhantes para dar a imagem certa para a sua comunidade.

Truques para captar momentos épicos no Twitch

Ver qualquer canal Twitch é sinônimo de encontrar um conteúdo que você gostaria de compartilhar ou que seja chocante, não importa o que choca você pode tirar uma foto para compartilhar esse tipo de momento ou cena especial, é simples e está se tornando popular.

O recurso de clipe do Twitch facilita isso, pois com apenas alguns cliques você pode expor os destaques de qualquer canal que você tenha assistido, mas é um recurso que os canais de assinatura têm, então se você tem clipes, você precisa saber a maneira certa de usá-los, seguindo estes passos:

1. Coloque o canal Twitch que você escolheu, depois verifique se ele tem a opção de clips disponível, porque é limitado para algumas contas, para verificar se você deve

procurar o botão de assinatura roxo para começar, também os clips podem ser obtidos em conteúdo ao vivo, e ele não funciona com conteúdo pré-gravado.
2. Passe o mouse sobre o reprodutor de vídeo, de modo que você clique no ícone do clipe, através da parte inferior direita, para que um clipe de 30 segundos comece em uma nova aba, dependendo do modo Twitch, você tem até 25 segundos antes de clicar e 5 segundos depois.
3. Clique na guia para que você possa ver o clipe que acabou de gravar, depois você pode usar e aproveitar os botões em algumas redes sociais como Twitter, Facebook e Reddit para compartilhar o conteúdo, ou você pode copiar o link e enviá-lo, uma vez que eles vejam o clipe, os usuários podem ver o seu nome no topo e para salvar o clipe, você pode clicar com o botão direito e selecionar "salvar vídeo como".

Como construir uma audiência na sua conta Twitch

Twitch é o lar de um número impressionante de celebridades, pois é uma plataforma que oferece uma forma de monetizar e desenvolver conteúdo como nenhuma outra, e esta liberdade de transmissão é algo que os fãs deste tipo de conteúdo têm pedido, onde se mantém um estilo elegante e diversidade de temas.

As melhores serpentinas são dedicadas às suas contas com um alto nível de profissionalismo, mas o que os usuários mais gostam é da sua personalidade para contar ou desenvolver algum conteúdo, por isso ainda há espaço para muitas contas, desde que você se dedique a oferecer originalidade e uma forma diferente de contar esse tópico.

O perfil que você deve conhecer para formar uma comunidade é o de uma streamer que é humilde, amigável e, acima de tudo, que presta muita atenção à interação, pois o tratamento que você dá no chat tem um valor importante para qualquer comunidade, por isso é um dever tratar as pessoas como a coisa mais valiosa na conta.

Mas o crescimento da audiência também tem a ver com os componentes ou detalhes da transmissão, isto tem o nome de entregar em: Oportunidade, Presença, Interação, Consistência e Habilidade, estes são os pontos que você precisa focar para criar um nome real.

No Twitch você pode percorrer um longo caminho, especialmente quando esgotar todas as opções de crescimento, como a formação de uma parceria, e pode eventualmente oferecer aos usuários alguns benefícios para criar uma assinatura mensal, que cria exclusividade e ao mesmo tempo é um sinal ou símbolo de renda para você.

Não importa o nível de streamer que você é, você deve procurar melhorar, e colocar em prática todas as ações que estão tendendo dentro deste meio, você pode levar em conta estas recomendações para a sua conta a escala:

- **Encontre e defina o seu nicho**

Para se destacar num ambiente com 2 milhões de serpentinas, o primeiro passo básico a dar é gerar uma boa ideia ou tema, que ao mesmo tempo deve ser diferente do resto, porque provavelmente já está a ser tratado por outra conta, pelo que deve especializar-se em algo específico que possa transmitir.

Embora qualquer tema que você escolher deve ser completamente dominado por você, dessa forma você pode desenvolver conteúdo de qualidade, para ganhar a apreciação dos espectadores e transmitir que eles contam com você, é necessário espalhar diversão, riscos, entretenimento e, acima de tudo, interesse para que eles continuem observando você, tudo isso sob a naturalidade.

- **Seja consistente**

É vital que você mantenha sua conta consistente, porque assim os usuários o tratarão e programarão como se você fosse um programa de TV, assim toda vez que você for ao ar, você pode criar uma programação, assim é fácil promovê-la e os usuários se lembrarão de assisti-la sem ter que ver publicidade.

- **Construir alianças**

Uma grande parte do sucesso das serpentinas é a parceria, porque é uma forma de compartilhar e multiplicar o senso de humor, também aumenta a interação dos usuários, pois ambas as comunidades se fundem, então ter um fluxo com alguém com realizações notáveis ou mesmo uma celebridade no seu tópico atrai um alto nível de tráfego.

www.ingramcontent.com/pod-product-compliance
Lightning Source LLC
Chambersburg PA
CBHW070120230526
45472CB00004B/1342